Au moment de l'**heure des histoires,** tandis que l'un regarde les images et l'autre lit le texte, une relation s'enrichit, une personnalité se construit, naturellement, durablement.

Pourquoi ? Parce que la lecture partagée est une expérience irremplaçable, un vrai point de rencontre. Parce qu'elle développe chez nos enfants la capacité à être attentif, à écouter, à regarder, à s'exprimer. Elle élargit leur horizon et accroît leur chance de devenir de bons lecteurs.

Quand ? Tous les jours, le soir, avant de s'endormir, mais aussi à l'heure de la sieste, pendant les voyages, trajets, attentes... La lecture partagée permet de retrouver calme et bonne humeur.

Où ? Là où l'on se sent bien, confortablement installé, écrans éteints... Dans un espace affectif de confiance et en s'assurant, bien sûr, que l'enfant voit parfaitement les illustrations.

Comment ? Avec enthousiasme, sans réticence à lire « encore une fois » un livre favori, en suscitant l'attention de l'enfant par le respect du rythme, des temps forts, de l'intonation.

Petit dragon

Une histoire d'aventures, d'amitié et de caractères chinois

Christoph Niemann

GALLIMARD JEUNESSE

Pour 腓特烈, 古斯塔夫, *et* 亞瑟

Petit dragon n'aurait jamais vu le jour sans l'inspiration, le soutien, l'attention vigilante d'un certain nombre de personnes. Je voudrais remercier Chika Azuma, Anni Kuan, Lisa Zeitz, Nicholas Blechman, Naomi Mizusaki, Shi Yeon Kim, Liz Darhansoff, et naturellement Paul Sahre qui m'a enseigné mon premier caractère : 大. *Enfin, je suis particulièrement reconnaissant à Ling-Yi Chien, de l'Asia Society de New York, dont l'extraordinaire connaissance de la langue et de la culture chinoises a été essentielle à la réalisation de ce livre.*

Traduction d'Anne Krief

ISBN : 978-2-07-062980-0
Titre original : *The Pet Dragon -*
A story about Adventure, Friendship and Chinese Characters
Publié par Greenwillow Books, un imprint de Harper Collins Publishers
© Christoph Niemann, 2008, pour le texte et les illustrations
© Gallimard Jeunesse, 2009, pour la traduction française,
2010, pour la présente édition
Numéro d'édition : 267528
Loi n° 49-956 du 16 juillet 1949
sur les publications destinées à la jeunesse
Premier dépôt légal : avril 2010
Dépôt légal : avril 2014
Imprimé en France par I.M.E.

Cher lecteur,

Lors d'un récent voyage en Asie, j'ai appris mes premiers caractères chinois. Ceux que j'ai réussi à retenir le plus facilement étaient ceux dont le dessin avait un rapport étroit avec le sens (comme 人= *personne*, par exemple), ou ceux qui représentaient une idée (en mettant une personne dans une boîte, on obtient *prisonnier*). J'ai pris beaucoup de plaisir à imaginer des relations entre les caractères et leur signification. Ainsi, 父 veut dire *père* et, bien que ce caractère ait pour origine l'image d'un homme tenant un bâton ou une hache et se réfère historiquement au statut social de l'homme, je ne voyais pour ma part qu'un visage menaçant avec une moustache.

Le chinois est une langue très complexe (on est considéré comme instruit lorsque l'on connaît entre trois et quatre mille caractères). Le but de cet album n'est pas de vous donner à vous et à vos enfants une première leçon de chinois, mais bien de vous faire entrevoir l'univers fabuleux de cette langue et peut-être — en la rendant un peu moins intimidante — de vous inciter à prendre des cours et à en découvrir davantage.

Christoph Niemann

Voici Lin.

personne

Un jour, Lin reçut un cadeau très étonnant : un bébé dragon !

petit

Lin et son petit dragon étaient tout le temps ensemble. Ils jouaient à cache-cache.

木 林 森
arbre bois forêt

Ils s'entraînaient au ping-pong.

milieu

Ils se racontaient des histoires passionnantes.

女
femme

士
guerrier

Le dragon adorait jouer au foot.
– Houla ! s'écria Lin en voyant le ballon se diriger droit sur le vase.

œil

Lin savait qu'ils allaient avoir des ennuis, de gros, **gros** ennuis !

père

– Dorénavant, ton dragon restera enfermé dans sa cage ! déclara le père de Lin.

Lin n'était pas très contente... et le petit dragon non plus.

prisonnier

Le lendemain matin, en venant dire bonjour à son compagnon, Lin s'aperçut que la cage était vide. Oh, non ! Son petit dragon était parti !

bouche

Lin était stupéfaite.
- Où est mon bébé dragon ?
Où est passé mon dragon ?
Il fallait qu'elle le retrouve.

parler/paroles

Lin commença par le chercher dans la maison.
Pas de dragon. Puis elle le chercha dans toute la ville.
Pas de dragon. Où pouvait-il bien être ?
Elle se mit en route et marcha...

工 travail　門 porte

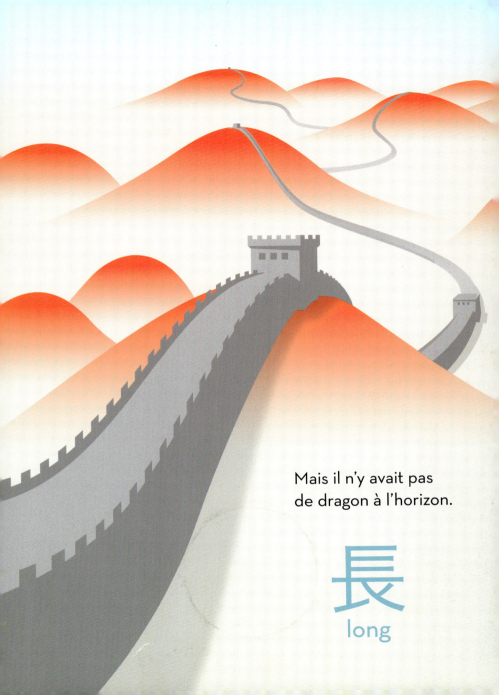

Lin arriva au bord d'une large rivière.
Sur la berge, elle rencontra une drôle de petite dame.
– Ma chère enfant, expliqua la dame d'une voix
de crécelle, je dois traverser la rivière mais je ne sais
pas nager. Aide-moi ! Porte-moi sur tes épaules,
s'il te plaît.

巫

sorcière/magicienne

rivière

Lin aida donc la dame
à traverser la rivière.

Lin déposa délicatement la dame de l'autre côté.
– Chère petite, dit la sorcière, comme un bienfait n'est jamais perdu, je vais t'aider à trouver ce que tu cherches.

Zaaappp ! Une jarre pleine de haricots apparut dans la main de la sorcière.

eau

haricot

Elle sortit un haricot magique de la jarre
et le mit dans sa bouche.
Elle le mâcha très lentement.
Alors, elle se mit à trembler
et à faire de drôles de bruits.

manger

Puis la petite sorcière grandit, grandit, grandit...
Elle fut bientôt aussi grande qu'une montagne !
– Viens ici, petite Lin, ordonna-t-elle d'une grosse voix.
Regarde...

大
grand

Lin n'en croyait pas ses yeux.
Son dragon était bien là :
très grand et très beau.
Était-ce donc la demeure
des dragons et de leur famille ?

Ouuchhh! Le dragon s'envola et ramena Lin chez elle. Les deux amis décidèrent de se revoir souvent.

Le père de Lin était très content de retrouver sa fille ! Il remercia le dragon de la lui avoir ramenée et promit aux deux amis qu'ils pourraient jouer ensemble autant qu'ils le voudraient. Puis ils firent la fête !

共
ensemble

L'auteur-illustrateur

Christoph Niemann est né en 1970. Il a étudié à l'Académie des arts de l'image de Stuttgart. En 1997, il part travailler à New York comme graphiste et illustrateur. Depuis quelque temps, il crée aussi des livres pour enfants. Il a reçu de nombreuses distinctions pour ses travaux et est considéré comme une étoile montante de la scène graphique internationale. Christoph Niemann vit à Brooklyn avec son épouse et ses deux fils.

Dans la même collection

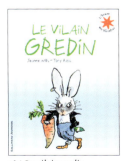

n° 1 *Le vilain gredin*
par Jeanne Willis
et Tony Ross

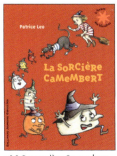

n° 2 *La sorcière Camembert*
par Patrice Leo

n° 3 *L'oiseau qui ne savait pas chanter*
par Satoshi Kitamura

n° 4 *La première fois que je suis née*
par Vincent Cuvellier
et Charles Dutertre

n° 5 *Je veux ma maman !*
par Tony Ross

n° 6 *Petit Fantôme*
par Ramona Bădescu et
Chiaki Miyamoto

n° 8 *Une faim de crocodile*
par Pittau et Gervais

n° 9 *2 petites mains et 2 petits pieds*
par Mem Fox
et Helen Oxenbury

n° 10 *La poule verte*
par Antonin Poirée
et David Drutinus

n° 11 *Quel vilain rhino !*
par Jeanne Willis
et Tony Ross

  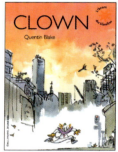

n° 12 *Peau noire peau blanche*
par Yves Bichet
et Mireille Vautier

n° 13 *Il y a un cauchemar dans mon placard*
par Mercer Mayer

n° 14 *Clown*
par Quentin Blake

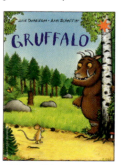 

n° 19 *La belle lisse poire du prince de Motordu*
par Pef

n° 22 *Gruffalo*
par Julia Donaldson
et Axel Scheffler

n° 28 *Oh là là !*
par Colin McNaughton